NOTICE

SUR

F. BAUCHER

ÉCUYER

Chef de la Nouvelle École d'Équitation dite

ÉCOLE BAUCHER

ET

QUELQUES CONSIDÉRATIONS GÉNÉRALES
SUR LA CAVALERIE

PAR

D. de S.

DIEPPE
IMPRIMERIE DELEVOYE, LEVASSEUR ET Cie
RUE DES TRIBUNAUX, 7

1885

NOTICE

SUR

F. BAUCHER

ÉCUYER

ET

QUELQUES CONSIDÉRATIONS GÉNÉRALES
SUR LA CAVALERIE

NOTICE

SUR

F. BAUCHER

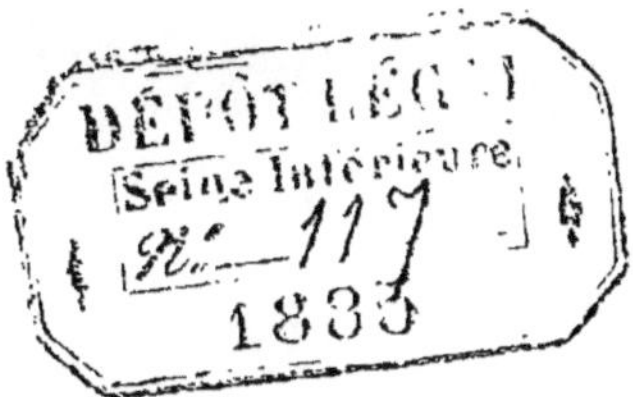

ÉCUYER

Chef de la Nouvelle École d'Équitation dite

ÉCOLE BAUCHER

ET

QUELQUES CONSIDÉRATIONS GÉNÉRALES SUR LA CAVALERIE

PAR

D. de S.

DIEPPE

—

1885

SOMMAIRE

I

Succès.

II

Rivalité.

III

Aspirations.

IV

Exposé sommaire de la Méthode.

V

Objections.

VI

Quelques Remarques.

VII

Des différentes Cavaleries et de leur armement.

VIII

A propos d'une polémique sur la Cavalerie.

BAUCHER

ET

QUELQUES CONSIDÉRATIONS GÉNÉRALES
SUR LA CAVALERIE

I

SUCCÈS

L'envie est innée avec l'homme, elle est fille de l'orgueil. Le succès, le bonheur, le bien, les avantages d'autrui l'irritent; une des plus grandes qualités de l'homme vertueux est de pouvoir maîtriser cette passion. L'envie exerce surtout son pouvoir lorsqu'elle est excitée par la rivalité. « Notre envie dure toujours plus longtemps que le bonheur de ceux que nous envions, » dit avec raison La Rochefoucauld. Si par surprise elle est dominée pour un moment par l'admiration, elle reprend bientôt le dessus pour dénigrer davantage ce qui l'a fait taire. Elle est comme un ressort qui cède forcément à la pression, mais se redresse avec violence aussitôt que cette pression a cessé. Il y a envie d'individu à individu, de profession à profession, de caste à caste, de nation à nation.

Aussi les peuples électifs ou oligarchiques sont-ils les plus tourmentés par cette passion ; les gouvernants mêmes y sont plus portés à dénigrer leurs rivaux, et les partis plus occupés de se disputer le pouvoir que dévoués au bien du pays. La démoralisation y devient à l'état latent du sommet à la base de la société. La monarchie héréditaire, à cause du principe même de stabilité qu'elle représente, excite moins l'envie dans la masse de la nation... Et si les souverains sont envieux les uns des autres, ils ne peuvent l'être de Dieu qui est au-dessus de l'entendement humain.

*
* *

De ces considérations générales qu'on nous permette de descendre pour dire que la profession d'homme de cheval n'est pas plus exempte que les autres de cette passion, l'envie.

Tout semblait avoir été dit, redit et exécuté dans l'art de l'équitation, lorsque survint Baucher qui excita la curiosité et l'admiration, tant par la nouveauté de ses idées sur cet art, que par le fini de l'exécution des airs nouveaux dont il enrichit la haute école. Ces airs étaient de véritables chefs-d'œuvre, des compositions qui débordaient de poésie rhythmées et cadencées, j'allais dire versifiées comme les plus beaux vers de Racine. Les pieds de ses chevaux parlaient pour ainsi dire et ne paraissaient mus que par la volonté du cavalier. Aussi l'étonnement indescriptible que produisait Baucher sur le public, au cirque des Champs-Élysées, où il débuta, se traduisait chaque soir par des acclamations enthousiastes. Le premier cheval qu'il y monta fut *Partisan*, d'origine anglaise; « on le » crut indomptable, le fini de son éducation dé- » montra le contraire. » (1)

Ces compositions nous sont heureusement restées, écrites par le professeur; mais il ne publia que le travail de ses quatre premiers chevaux sur les vingt-six qu'il monta en public, avec indication des moyens pour l'obtenir. Et il fit connaître ces moyens pour prouver que c'est par l'application seule de sa méthode qu'il obtenait ce travail merveilleux.

Dans les cirques, ce sont encore les productions de Baucher qui servent de canevas à la haute école. On voit aussi des écuyers ou des amateurs s'essayer à l'exécution de ces airs, mais ce n'en est ordinairement que le pâle reflet.

Par sa méthode d'équitation basée sur de nouveaux principes, en opposition avec les idées reçues, Baucher ouvrait une nouvelle voie, et mettait tout cavalier à même de dresser lui-même son cheval. Depuis la publication de son *Dictionnaire raisonné d'équitation* en 1839, et, quelque

(1) Baucher, *Passe-temps équestres*.

temps après, de sa *méthode* jusqu'à nos jours, presque tous les écrits traitant de la matière, et Dieu sait s'il y en a, sont estampillés aux idées de Baucher ; cette influence salutaire tira l'équitation de l'ornière dans laquelle elle se traînait.

Outre les deux ouvrages sus-mentionnés, qui firent grande sensation dans le monde hippique et d'autres sur l'équitation, réunis en 1854 en un fort in-8°, sous le titre *d'œuvres complètes*, Baucher a laissé des notes posthumes sur son art, et destinées en partie à être publiées. Tous ses écrits portent l'expression de l'esprit essentiellement militant dont il était animé.

Il avait aussi un talent tout particulier pour professer son art, et pour donner une idée de la manière dont il entendait cet enseignement, je citerai de son *Dictionnaire raisonné* à l'article *Écuyer*, le passage suivant :

« .... Ce ne sera pas assez pour l'écuyer de » connaître à fond l'équitation : il lui faudra de » plus, étudier ses élèves et créer pour chacun » une manière spéciale d'enseigner. Si, grâce à » ce soin, il parvient à n'en décourager aucun, à

» faire de leurs qualités et même de leurs défauts, » des moyens de progrès, il aura mérité le titre » d'écuyer. »

Aussi les cours qu'il tint dans différents manèges de Paris, étaient des plus intéressants, et pour *entendre ses leçons*, on peut dire avec raison, *on courait du manège à la carrière et de la carrière au manège sans aucune distinction*. Les élèves y montaient leurs propres chevaux ; au bout d'un mois, durée de ces cours, ils acquéraient les connaissances nécessaires pour manier avec justesse leurs montures, et celles-ci, bien mises et gracieuses dans leur pose, étaient prêtes à répondre à leurs demandes. Ces cours étaient d'autant plus intéressants et instructifs que l'esprit du savant professeur, toujours en éveil sur ce qui se fesait dans son art, et sur ce qui pouvait s'y faire encore, était toujours à la recherche de quelque innovation, qu'il fesait exécuter à ses élèves. Aussi bon nombre de ceux-ci, pour mieux se pénétrer des idées du professeur, suivaient plusieurs cours de suite.

Dès ses débuts, pour ainsi dire, dès qu'il se fit

connaître, son nom se répandit dans tout le monde civilisé, et partout on fesait, plus ou moins des essais de sa méthode. Cavaleries, écoles de dressage, manèges royaux ou privés, y puisèrent à pleines mains !... Baucher qu'en eut-il ? Dirai-je, rien ? Non !... car il eut en retour la gloire ! Il est vrai la gloire seule, sans la fortune, sans les honneurs.

*
* *

Et, invoquant le souvenir de ses illustres prédécesseurs... de Frédéric Grison... Pignatelli... Pluvinel... Newcastle... La Guerinière... d'Auvergne... etc. ; il les voyait en esprit, chacun monté sur son cheval de prédilection, entouré de leurs plus brillants élèves, exécuter chacun pour son compte un manège de guerre ou d'école !... les uns la *passade*... d'autres des *voltes* ou des *demi-voltes* au *passage*, à *galopade*, à terre-à-terre !... Celui-ci, après avoir tracé à *mézair* en chiffre de 8, une *volte renversée* et l'autre *ordinaire*, terminait par plusieurs pirouettes de suite pour les reprendre à la main opposée, avec la même rapidité si vertigineuse, qu'on ne pouvait distinguer ses traits, mais à sa manière de faire, ce pouvait bien être le duc de Newcastle. On reconnaissait La Guerinière à l'*épaule en dedans* qu'il semblait démontrer aux siens. D'autres exécutaient *le pas* ou *le trot d'Espagne !*... Ainsi qu'au milieu d'un parterre des fleurs les plus variées, s'en détachent par-ci par-là à tiges plus élevées, de même au milieu de cette diversité d'*airs bas*, des cavaliers se livraient d'espace en espace, à un *air relevé* ; et d'un *piaffer* lent et cadencé levaient leurs chevaux à *courbette*, *balotade*, *croupade* ou *capriole*... Ce serait trop long d'énumérer le travail différent de ces brillants écuyers et de leur entourage. Enfin au milieu de cette pleïade, Baucher, sur un cheval de pur sang, devait se voir lui-même figurer dans la *foule*, exécutant sur place, le galop avec *des changements de pieds au temps*, l'extrémité des rènes déposée sur le devant de la selle !...

Et tous ces airs et toutes ces figures formaient un ensemble de caractères impénétrables aux profanes, et signifiaient : cheval de parade... cheval de guerre !

Et, ces illustrations équestres en brillant costume de leur temps, les uns panache éclatant au feutre, montés sur des chevaux arabes, barbes, ou bien le genêt d'Espagne, richement caparaçonnés, avaient de suspendues à un collier d'or, médailles précieuses ou croix, marques honorifiques accordées par des Souverains à leur mérite. Baucher seul ne portait aucun insigne sur sa poitrine !... mais une auréole de gloire l'entourait et le fesait distinguer entre tous.

Et, l'on pouvait embrasser des yeux, de groupe en groupe, les écoles qui se succédèrent, et les progrès qui se firent. Si le XVIe siècle a été illustré par la renaissance des lettres et des arts... Si les œuvres de Raphaël, de Michel Ange, etc., sont des modèles achevés qui s'imposeront à jamais à l'admiration du monde, il n'en fut pas de même pour l'art de l'équitation. On peut feuilleter par curiosité les traités théoriques des maîtres du temps... Mais on se garde bien de suivre leurs procédés.

Le sol semblait jonché de fleurs, l'air embaumé de parfums délicieux, et des sons harmonieux résonner dans l'espace !...

Et, sur des gradins paraissait massée, au tour de cette vaste arêne, une foule immense, dans le costume varié des époques qui se succédèrent ! Et, dans un enthousiasme indescriptible, chacun semblait se montrer avec orgueil ceux des cavaliers, dont il avait été jadis le témoin !...

Et la Postérité, sur une table d'airain, désignait les noms de ceux qu'elle avait inscrits !

Xenophon, le père de l'équitation, tel que l'art statuaire nous le représente, couronné de lauriers, sur un cheval de Thessalie qu'il maniait à *courbettes*, semblait présider à cette fête équestre.

Et, sur les bords de l'Océan, les vagues déferlant sur la plage, sous un ciel empourpré, toutes ces ces ombres, Xenophon en tête et Baucher fermant la marche, s'évanouirent avec le dernier rayon du soleil couchant.

De telles visions, mais plus imagées, devaient parfois se présenter à l'esprit du grand artiste ; avec cette différence que, sans faire intervenir le souvenir des Anciens, il pouvait puiser dans son propre fonds, un travail différent pour chacun des cavaliers, et pour toute une cavalerie.

Le terre-plein ne devait pas suffire à son imagination.

II

RIVALITÉ

Il n'y a que le vrai qui ressorte de la contradiction même et en triomphe.

Sous ce rapport les idées de Baucher, en équitation, eurent à soutenir de rudes épreuves, et si elles triomphèrent, c'est que leur supériorité fut reconnue sur les théories qui l'ont précédée.

Raviver le souvenir des luttes passionnées qui se livrèrent à cette occasion, présenterait peu d'intérêt aujourd'hui ; nous n'en dirons donc quelques mots que pour mémoire :

Après qu'on eut admiré Baucher, du moment qu'il s'agit d'appliquer sa méthode à l'armée, des clameurs s'élevèrent contre lui. Ainsi, lors des essais faits de sa méthode à Saumur, l'envie lui suggéra des détracteurs, et comme une grêle, brochures et articles de journaux s'abattirent sur lui.

La pénible impression que Baucher en conserva toute sa vie se traduisit, sous diverses formes, dans chacune des éditions de ses œuvres.

* * *

Une polémique passionnée s'engagea donc et, acerbe à la riposte, Baucher défendit vaillamment ses idées. Deux camps se formèrent, les partisans de l'ancienne école, dont le comte d'Aure était le chef, et ceux de la nouvelle, créée par Baucher, dont il était tout naturellement la tête. Cette lutte ardente rappelait celle des classiques et des romantiques, laquelle vers cette époque était épuisée.

Cette rivalité entre deux hommes très-distingués dans leur genre eut de l'éclat. L'un passait, avec raison, pour un parfait écuyer, mais il était plutôt considéré comme le plus brillant improvisateur à cheval qu'on pût voir ; l'autre, comme un grand artiste, et supérieur à tous les écuyers en renom des temps passés jusqu'à lui. Cette rivalité, dis-je, entre ces deux illustrations, passionna le monde équestre à tel point, qu'on se serait cru revenu aux plus beaux jours de l'équitation.

Malheureusement pour l'art, ce qui paraissait le réveil d'une passion sérieuse, ne fut qu'un simple engouement, pareil à un feu de paille, il s'éteignit avec la curiosité satisfaite.

C'est que l'équitation savante à notre époque est démodée, comme le fait observer le comte de Montigny.

Néanmoins, tout amateur désireux de monter un cheval *bien ajusté,* aura recours de préférence à la méthode Baucher.

III

ASPIRATIONS

A la suite de longs labeurs, Baucher innova sa méthode, et le but le plus ardent de ses aspirations était qu'elle fût adoptée dans l'armée. Autorisé par le ministre de la guerre, Baucher, assisté de son fils, tint des cours en 1842 et en 1843 à Paris, à Saumur et à Lunéville. A l'école de Saumur particulièrement furent réunis, pour être initiés à ses principes, les officiers instructeurs les plus distingués de l'armée. Malgré les succès obtenus et les rapports au ministre presque à l'unanimité favorables, la méthode ne fut pas adoptée. C'est qu'on ne voulait pas *d'équitation*..... dans la cavalerie.

En mettant de côté la raison qui prévalut, que sa méthode toute entière n'était pas applicable au cheval de troupe, Baucher, par son grand savoir et par la considération qu'il s'était universellement acquise dans le monde équestre, méritait bien d'être placé comme écuyer en chef à l'école de Saumur. Dans cette nouvelle position, son génie mis aux prises avec les exigences du service militaire, aurait pu trouver quelque chose de plus en rapport pour le simple cavalier et le cheval de troupe. Dans tous les cas, ce n'était pas un homme à mettre de côté ; néanmoins c'est ce que l'on fit, sans même lui donner la moindre indemnité « pour » les deux ans consacrés à démontrer à la cavalerie » française le fruit d'étude de vingt années (1). »

Il faut bien dire aussi qu'il se refusa à toute modification dans l'application de ses idées ;... un esprit plus souple que le sien, aurait pu tourner la

(1) Baucher.

difficulté. Mais, créateur d'un système de dressage, par lequel il avait obtenu des résultats si étonnants, même par ses élèves, il ne voulut faire aucune concession. Ne prenant pas en considération que ce qui peut être convenable *au dedans* peut ne plus l'être au même degré *au dehors*, particulièrement pour le simple cavalier d'armes, il devint exclusif... hors sa méthode pas de salut.

Nous ajouterons aussi que, s'il savait faire faire à la perfection la courbette à ses chevaux, Baucher, d'un caractère trop digne et trop réservé, ne sut pas la faire par lui-même, devant les grandeurs du jour. Aussi indisposa-t-il ou refroidit-il bien des personnes à son égard ; pourtant cet homme si distingué dans son art, méritait bien que l'Etat s'intéressât à lui.

*
* *

Comme créateur d'une nouvelle école qui avait ajouté un nouveau lustre à l'équitation française et fera toujours époque, il aspirait aussi en retour de ses travaux, à obtenir le bout de ruban rouge à sa boutonnière. Ses mérites et l'honorabilité de son caractère justifiaient amplement cette ambition. Il fut déçu dans cette nouvelle attente, quoique la profession d'écuyer fût de tout temps en honneur. On lui objecta que, comme il fesait partie d'un cirque, on ne pouvait lui accorder cette distinction ; et lorsque plus tard l'infortuné, par suite d'un accident terrible, ne put presque plus tenir en selle, on la lui refusa encore parce qu'il avait fait partie d'un cirque. Il eut beau dire qu'il y fut contraint pour gagner sa vie, pour se faire connaître et répandre ses idées, ceci ne fut nullement pris en considération.

Etait-ce bien sa faute s'il dut continuer de rester dans cette position? Pendant ce temps, M. Dejean père, ancien directeur ou gérant de ce cirque, du reste ami fidèle et dévoué de Baucher, fut fait chevalier et même plus tard promu au rang d'officier de l'ordre de la Légion d'honneur. Etait-ce pour que les honneurs accordés à celui-ci, déversassent sur l'autre qui avait illustré ce cirque?

Un fait digne de remarque, c'est que vers la même époque, un ancien officier de cavalerie, la croix de la Légion d'honneur sur la poitrine, dirigeait en public les exercices et les manœuvres à l'Hippodrome. Sur les réclamations de Baucher, je crois, qui parvinrent en haut lieu, on défendit à cet officier de porter sa décoration à l'Hippodrome durant son service en public ; cet officier n'en restait pas moins, comme de raison, chevalier de l'Ordre.

Mettons en regard de ce fait, pour montrer l'illogisme de la chose : le comédien, représentant un personnage décoré, porte cet insigne sur les planches le temps qu'il remplit ce rôle. N'y a-t-il pas, d'une situation à l'autre, la différence seule d'une simple comédie ?

Citons encore ce fait, quoiqu'il appartienne à un autre ordre d'idées : Un comédien célèbre, passant de la fiction à la réalité d'un rôle héroïque, tomba pour la défense du sol national ; blessé mortellement sur le champ de bataille, la croix fut attachée sur sa poitrine ! Oui, dira-t-on, comme soldat ! En effet,... et si à Baucher le destin refusa cette faveur, d'une mort glorieuse pour sa patrie, il créa une œuvre qui méritait bien cette distinction.

Terminons par dire que les Paganini, les Thalberg, les Listz, etc., pour remplir leur gousset d'or, ne manquèrent pas de monter sur la scène d'un théâtre pour faire entendre leur admirable talent d'exécution ! Ce qui ne fut pas un empêchement à ce que leur poitrine fût toute constellée d'Ordres.

Pour résumer notre pensée, nous dirons que ces différences sont basées sur des subterfurges, des subtilités, des arguties qui prêtent plutôt à la plaisanterie, que mériter d'être prises en considération, et ne sont nullement en rapport avec les idées de l'époque.

Du reste, ce n'est qu'en fesant la part des préjugés, ce que nous en disons, et nullement pour froisser les sentiments de personne à cet égard.

*
* *

Baucher était d'une taille moyenne, le haut du corps plus élevé que le bas ; aussi paraissait-il à cheval plus grand qu'il n'était. Ses traits étaient réguliers et agréables, son regard avait de la profondeur, et ses manières étaient celles d'un parfait *gentleman*. Le portrait qui est en tête de ses ouvrages reproduit avec exactitude sa physionomie.

Quoique de sa nature peu communicatif et peu parleur, il répondait avec empressement à toute question concernant son art.

*
* *

Sans sollicitation de sa part, Napoléon III lui fit en 1864 une petite pension de 2,400 fr. sur sa cassette privée ;... pourquoi pas sur l'Etat ? Il l'eût du moins conservée jusqu'à sa dernière heure !

Baucher, absorbé par son art, ne se préoccupa pas de se préparer une position indépendante pour ses vieux jours. Aussi, dans un état de fortune peu aisée, s'éteignit-il en janvier 1871, chargé d'années et presque privé de la vue, le cœur gonflé de douleur, sachant sa chère France foulée aux pieds par l'étranger.

IV

EXPOSÉ SOMMAIRE DE LA MÉTHODE

Il n'y a aucune analogie entre l'ancienne école et celle de Baucher, et en compulsant tous les traités d'équitation depuis Frédéric Grison jusqu'à nos jours, on ne trouve aucune des théories émises qui ait du rapport avec la sienne. L'ancienne école procédait au dresser par le mouvement, c'est-à-dire travaillait « le mouvement par le mouvement » (1)

(1) Baucher.

celle de Baucher fait précéder au mouvement le travail en place, et procède du simple au composé avant de provoquer le mouvement.

Ainsi, ce n'est qu'après que le cheval a passé par une série d'exercices préliminaires en place, ayant pour but l'assouplissement de l'avant et de l'arrière main, que le cavalier se met en selle pour répéter les mêmes exercices avec les aides combinées de la main et des jambes. Par suite de ce travail en place, le cheval se trouve déjà au moment d'être porté en avant au pas, entre la main et les jambes, et pour obtenir l'exécution du mouvement il n'y a qu'à le *placer*, lui donner la *position* et l'*impulsion*.

Par les *effets d'ensemble*, qu'il est aussi le premier à définir, et auxquels il a donné ce nom qui leur convient si bien, le cheval se trouve graduellement préparé pour être soumis aux premiers degrés de *rassembler* ; auquel rassembler, Baucher a donné une toute autre signification et importance qu'il n'avait eu jusqu'alors.

Voilà les moyens à employer pour obtenir ce que le professeur entendait par l'expression « le cheval équilibré. »

*
* *

Comment Baucher définit-il l'équilibre équestre?

« L'harmonie du poids et des forces du cheval » donne l'équilibre de la masse.

» L'équilibre de la masse produit l'harmonie des » mouvements. »

C'est ce but qu'il poursuivit toute sa vie sans relâche, et dans ces lignes se trouve la définition des principes sur lesquels sont basés ses moyens équestres.

Pas encore satisfait des résultats obtenus qui avaient illustré et popularisé son nom, il trouve que la légèreté absolue, et qu'il nomme « équilibre » du premier genre » ne peut s'obtenir que par l'effet séparé des aides inférieures et des aides supérieures, « main sans jambes, jambes sans main. »

Par cette innovation, les procédés que Baucher enseignait jusqu'alors, sont rangés par lui au second plan et il les définit ainsi :

« Equilibre du deuxième genre (anciens » moyens).

» Légèreté accidentelle sous l'influence de la » position et du mouvement. »

« Équilibre du premier genre (nouveaux » moyens).

» Légèreté invariable dans toutes les positions » et dans tous les mouvements. »

*
* *

Dans son remarquable mémoire, inséré *in extenso* dans la quatorzième édition de la méthode, le baron Favrot de Kerbreck dit avec raison : « les moyens » enseignés par le maître peuvent être divisés en » deux groupes, constituant chacun une « ma- » nière » distincte. »

Effectivement c'est la division qui paraît leur convenir, et les divers procédés qui s'y rattachent prouvent la fécondité du génie du grand écuyer.

Si nous cherchons à nous rendre compte, pourquoi l'emploi des aides diffère dans ces deux « manières » nous trouvons que :

Par les anciens moyens, l'effet simultané des

aides, était dicté par la position horizontale donnée à l'avant et à l'arrière main, qui constituait à l'origine l'*équilibre Baucher*. Par suite, pour faire supporter à l'arrière main le surplus du poids dont le devant était chargé, il était urgent que les jambes du derrière fussent plus engagées sous le centre ; position que les aides inférieures du cavalier devaient constamment entretenir.

Par les nouveaux moyens, la position de l'encolure en hauteur, se rapprochant presque de la ligne perpendiculaire au tronc, exige la séparation des aides inférieures, des aides supérieures.

C'est cette règle qui s'impose par la position différente donnée à l'encolure. Mais, comme il n'y a pas de règle sans exception : d'après la première « manière » les aides alternes s'emploient pour donner une position élevée et gracieuse à l'encolure et pour le *ramener*, selon l'urgence ; d'après la seconde « manière » les aides simultanées pour habituer le cheval à l'appui de l'éperon, ou bien pour le *ramener* au besoin.

Par l'attitude plus ou moins élevée donnée à l'encolure, le professeur n'avait pas principalement pour but cette pose plastique qui charme les yeux, mais d'arriver aussi à donner telle position au cheval que l'équilibre en fût la conséquence, et pût se conserver sans efforts. En ceci il était guidé encore par ce sentiment de rendre son art accessible, tel que lui l'entendait, à la généralité des cavaliers, et particulièrement à l'armée. Mais les plus heureuses combinaisons à cet effet, ne peuvent dispenser le cavalier du savoir ; et sans la position et l'entretien à propos des aides, cet accord parfait du poids et des forces disparaît avec la légèreté ; car l'équilibre perpétuel n'existe pas plus que le mouvement perpétuel.

*
* *

Tous les moyens équestres du professeur sont précédés du travail en place. Si nous considérons aussi sous le point de vue physiologique cette manière de faire sur l'assujettissement du cheval, nous trouvons que par suite de ce travail préalable, on fait saisir à l'entendement de l'animal l'exécution du mouvement demandé, et sa mécanique assouplie et équilibrée par un exercice progressif est mise à même d'exécuter. Ce point atteint, la position donnée suffit pour se faire comprendre par la facilité même que le cheval éprouve d'obéir.

*
* *

Par suite de ce qui a été dit, pour obtenir l'équilibre parfait, si les procédés d'application diffèrent, le but à atteindre est le même : concentration des forces au centre, le cheval entre la main et les jambes, c'est-à-dire en avant des jambes et derrière la main.

En résumé ces procédés sont les *moyens* pour arriver à cette concentration qui livre les forces du cheval à la disposition du cavalier, et cette concentration est l'expression des principes de la méthode qui permet d'obtenir le degré de *rassembler* nécessaire à l'allure demandée.

*
* *

Si nous cherchons à nous rendre compte comment Baucher vint à ces nouveaux moyens, nous croyons trouver que par les anciens, l'emploi simultané des aides, la partie antérieure se trouvait surchargée par la disposition de l'encolure à l'affaissement. Pour y obvier et donner du soutien à celle-ci, c'était aux aides alternes qu'il fallait avoir recours. Voilà le premier acheminement, selon-nous, d'isoler l'action des aides supérieures des aides inférieures. Toutefois nous ne fesons-là qu'une simple hypothèse, à cause de l'apparence de vraisemblance qu'elle présente.

Il y en a, il est vrai, qui lui contestent la priorité de l'idée et prétendent que ces moyens étaient connus avant que Baucher ait publié les siens. Mais à notre connaissance du moins, il n'y a pas eu de théorie publiée antérieurement à celle de Baucher ; et, dans tous les cas, il a pu s'être rencontré tout au plus, dans les mêmes idées avec d'autres.

Ce qu'il y a de certain, il n'obtenait ces moyens que par ce qu'il nomme «le mouvement décomposé» qu'il avait toujours pratiqué, manière de faire conforme aux principes qu'il avait déjà posés.

Ce n'est qu'après avoir donné à l'encolure toute l'extension possible en hauteur pour alléger l'avant-main, et, après que le cheval répondait aux aides séparées de la main et des jambes, qu'il le portait en avant.

Ainsi, par deux effets de main : *les demi-arrêts de bas en haut* contre l'inertie du poids, et les *vibrations* contre les effets de force ; mêmes moyens par la rêne directe pour arriver à obtenir les conversions par la rêne opposée. Les aides inférieures agissant isolément de la main, pour impulsionner ou pour prévenir l'acculement.

Le cheval amené ainsi graduellement à se passer du secours des aides supérieures et inférieures, avec soutien de l'encolure, se trouve néanmoins, comme enserré entre absence complète à la fois de ces aides. Et, quoique paraissant ainsi livré à lui-même, conserve sa belle position de tête, et ses extrémités dans leur levée et leur posé, s'étendent et se rapprochent dans la limite de l'allure demandée et à égal intervalle de temps.

Par ces nouveaux moyens, le cheval devient à ce point équilibré, qu'il suffit du moindre effet des deux rênes, de la rêne directe, ou bien de la rêne opposée (les rênes tenues par leur extrémité) ou bien de l'effet de l'une ou des deux aides inférieures, pour obtenir les translations du poids dans le sens voulu, et pour que le cheval soit prêt à ce qu'on lui fasse aborder les plus grandes difficultés de l'art équestre.

Mais pour pousser à un si haut degré l'instruction du cheval, il faut beaucoup de savoir, de tact et d'aptitudes naturelles, et, « non licet omnibus » adire Corinthum ! »

C'est par ces moyens ingénieux et pratiques, que le professeur parvenait à faire succéder aux oppositions du poids et des forces l'harmonie dans le mouvement, et que le dresser s'obtient en beaucoup moins de temps, et sans détérioration des aplombs de l'animal.

*
* *

A la suite des moyens « mains sans jambes, jambes sans main » Baucher conçut un nouveau procédé. Il remplaça le mors de bride, dont il se servait, par un simple bridon, avec deux effets de main : l'un pour exhausser l'encolure de toute sa hauteur, l'autre pour le *ramener*, « employés seuls, ou simultanément *avec* le concours des jambes. » (1)

Ce moyen n'a été rapporté encore que pour démontrer, ce qui a été dit plus haut, que Baucher variait ses essais, et il en fit des milliers, mais toujours sur la même base de principes, dont l'expression la plus élevée est « le rassembler » tel que lui l'entendait, l'a défini dans sa méthode et le pratiquait. C'est par ce « rassembler « qu'il est arrivé à innover ces airs variés qui excitèrent tant l'admiration, ce galop avec changement de pieds au temps qui fut le prélude de sa renommée.

Ainsi de ce qui a été avancé ressort cet axiome :

(1) Baucher.

quoique la base des principes de Baucher soit une et invariable, les moyens pour équilibrer le cheval peuvent varier, et nécessairement, ce n'est que lorsque ces moyens sont rationnels qu'ils donnent l'équilibre parfait.

Rappelons-nous que Baucher était un grand artiste ; que la poésie et l'art ont une même origine, — l'imagination, — un même but, — l'expression du beau et du sublime.

*
* *

Nous nous arrêterons ici dans cette analyse. Le savant professeur a supérieurement dit tout ce qu'il y avait à dire ; aussi n'avons-nous fait cette étude que pour nous-mêmes. C'est à ses écrits, à sa méthode que l'amateur doit avoir recours pour s'éclairer. Quatorze éditions, sans compter les contrefaçons et la traduction en plusieurs langues, justifient amplement la faveur dont cette méthode jouit. Les « nouveaux moyens équestres » ont été publiés pour la première fois en 1864, dans ses *œuvres complètes*, 12e édition.

Baucher dans ses écrits, après avoir posé un principe, le développe avec précision et clarté, dans un style correct et élégant, ce qui ajoute encore au charme de l'étude. Mais la théorie la plus explicite ne suffit pas à cet effet, il faut s'y faire initier par des personnes qui en possèdent la pratique à fond. Les écuyers les plus autorisés par leur savoir à enseigner cette méthode, à cause du contact continuel dans lequel ils se sont trouvés avec le savant professeur, sont incontestablement MM. Baucher fils et Rul.

V

OBJECTIONS

Les objections faites, il y a plus de quarante ans, à l'admission de la méthode dans la cavalerie sont à peu près les mêmes aujourd'hui.

On dit : à équilibre artificiel allures artificielles; donc elle ne peut convenir au cheval d'armes. Une méthode de dressage pour le cheval de cavalerie doit être calculée sur la capacité moyenne du cavalier et les qualités du cheval de troupe qui, sous le rapport du sang et de la conformation, laisse ordinairement à désirer. Ainsi le dressage qui se rapproche le plus de l'équilibre naturel par les procédés les plus simples, aura toujours le plus de chance de réussite.

*
* *

L'équilibre du cheval se trouve nécessairement modifié par l'addition du poids du cavalier, et le plus ou moins d'élévation à donner à l'encolure doit dépendre de l'ensemble de sa conformation.

Il est à observer que le cheval livré à lui-même en liberté, plus il précipite sa course, plus il tend l'encolure et la tête en avant. L'encolure, ce puissant levier, lui sert dans sa course de contre-poids pour engager davantage l'arrière-main sous lui et projeter plus loin sa masse en avant ; et il ne la relève que proportionnellement au ralentissement imprimé à l'allure, ou bien, s'il fait un arrêt brusque, il la redresse tout d'un coup. Il en est de même dans une descente, elle lui sert pour s'équilibrer par le plus ou moins d'élévation qu'il lui donne.

Et, lorsque dans ses ébats, avec l'encolure redressée de toute sa hauteur, ses narines dilatées, etc., pour dépenser sa fougue et sa joyeuse humeur, il se livre aux allures raccourcies, entremêlées de bonds, on le voit parfois exécuter à la perfection *les airs bas, les airs relevés*, que même un habile écuyer, lorsqu'il entreprendra son instruction, aura de la peine à lui réapprendre, ce qu'il fesait si bien de lui-même.

Ainsi, que le cheval de course, sous le jockey, dans la position de l'encolure et de la tête tendues en avant, dans l'hippodrome parcoure l'espace ; que celui d'école, avec l'encolure redressée tout-à-fait, dans une pose majestueuse, exécute les plus brillants airs de manège ; quant au cheval d'armes, c'est l'élévation moyenne qui lui convient le mieux pour accomplir sa pénible et laborieuse tâche, telle qu'il la prend par à peu près de lui-même en liberté, à une des trois allures naturelles, lorsque sans aucune excitation dans la prairie, il se rend d'un point à l'autre.

*
* *

Il faut une main savante pour manier un cheval *fin aux aides ;* il nous suffit qu'il se porte en avant des jambes et dans la main. Nous ne nous servons pas de nos éperons pour l'habituer aux attaques, ce qui a été cause en partie de la non admission de la méthode, et à leur touché délicat pour *l'asseoir*, afin d'obtenir le mouvement de bas en haut ; nous nous contentons du mouvement d'arrière en avant. Le simple cavalier n'a pas besoin de *rechercher* son cheval, pour faire ressortir sa grâce, mais si à nos sollicitations de jambes, il ne répond pas franchement en se portant avec rapidité en avant, nous *pinçons des deux.*

On a critiqué la longueur des branches de nos éperons, mais cette longueur même nous épargne la peine pour nous en servir de tenir les jambes trop en arrière des sangles, ce qui porte l'assiette du cavalier sur l'enfourchure. En campagne cette longueur même nous est indispensable pour soutenir entre les jambes et pousser en avant un pauvre animal, le plus souvent épuisé par les fatigues et les privations. Parmi les officiers supérieurs, il y en a même qui, dans ces circonstances, mettent de côté leurs éperons d'ordonnance, pour en chausser à branches d'une longueur démesurée à cinq pointes acérées, que la chevalerie du moyen âge leur envierait.

*
* *

En définitive il y a deux genres d'équitation bien distincts : *le dedans* et *le dehors*. Si le savoir du simple cavalier peut se borner à monter dehors, celui de l'officier doit embrasser également les deux manières dans toute leur étendue.

L'officier qui n'aime pas avec passion le cheval et l'art de le manier, est destiné à végéter dans les rangs inférieurs; autant vaudrait-il pour lui de passer à l'infanterie. Il faut se rappeler que de tout temps la cavalerie française a eu des officiers supérieurs qui se sont illustrés dans cet art, et ont atteint les dernières limites de cette science, qu'on pourrait appeler transcendante, arrivée à ce dégré ; aussi de quelques-uns le nom a passé à la postérité. De même elle est glorieuse aujourd'hui d'en compter dans ses rangs, qui marchent sur la trace de leurs devanciers.

*
* *

Nous venons de résumer par à peu près les objections individuelles les plus accentuées contre la méthode. Quoi qu'il en soit, il n'en est pas moins vrai que les moyens équestres de Baucher prédominent dans les écoles de dressage, de cavalerie, car les principes qu'il a posés sont justes et donnent les résultats les plus rapides et les plus rationnels.

VI

QUELQUES REMARQUES

Il y a une tendance de plus en plus prononcée aujourd'hui à s'affranchir du travail du manège, et à passer prématurément à celui du dehors. Il suffit, dit-on, que le cavalier tienne sur son cheval aux différentes allures. Si réellement on bornait là ses exigences, on aurait pour tout résultat : deux êtres posés l'un sur l'autre qui se supportent tout au plus, et n'arrivent jamais à une entente parfaite.

Un bon encadrement sauve l'apparence de l'exécution, il est vrai, mais que devient ce cavalier improvisé en campagne, livré à lui-même, dans un service isolé, s'il est monté surtout sur un cheval qui n'est pas des plus maniables. Il y a toute apparence qu'il préfèrerait faire son service à pied.

L'adoption des allures vives, du galop allongé dans les manœuvres, demandent au contraire une instruction individuelle plus étendue. L'urgence de tenir hommes et chevaux sur les carrés jusqu'à leur parfaite formation est de toute évidence. Ce n'est que lorsqu'on y aurait obtenu, par suite d'un travail précédent, les départs au galop de pied ferme, aussi bien du pas que du trot, et non par suite d'étendre le trot dans ses dernières limites, que le galop allongé dans les manœuvres pourrait être demandé sans inconvénient. Et ce résultat ne peut être obtenu que par l'application des principes rationnels d'une bonne méthode. Autrement avec des chevaux braqués sur la main, les allures ralenties et par suite les allures vives ne peuvent être que heurtées et décousues, et les chevaux que plus tôt usés.

Pour harmoniser les allures, si, par un travail

graduel et progressif, on n'a pas disposé à cet effet les forces du cheval, à quoi serviraient *les rassemblements*, comme il y en a qui affectent d'appeler le *rassembler*, si non à produire les mêmes désordres sur le cheval, que les rassemblements dans les rues.

*
* *

L'équitation naturelle, dite à l'anglaise, ne convient pas au cheval de troupe à cause des évolutions auxquelles il est assujetti.

Pour le service isolé, dans certaines circonstances, la réponse ne peut être qu'affirmative; mais il faut encore savoir borner ses exigences à la nature du cheval que l'on possède. L'Arabe parcourt bien de longs espaces au galop de son coursier, et le Cosaque au trot étendu ; c'est que l'un a le dos et les jarrets plus puissants que l'autre.

Pourrait-on entreprendre un *raid* avec un régiment de cavalerie légère monté sur des chevaux indigènes, sans un fort triage, aussi sûrement qu'avec un régiment de spahis ?

L'entraînement que peut-il y ajouter, s'il ne trouve une organisation en état d'y répondre ?

Le galop, modérément allongé, dit à l'anglaise, peut convenir à certains services de la cavalerie, mais son emploi se borne aux lignes droites. A cette allure qui est essentiellement naturelle, l'arrière-main ne se trouve engagée que dans la limite nécessaire pour projeter la masse en avant, et les jambes de devant ne s'élèvent que suffisamment pour embrasser le terrain ; et selon la conformation de l'animal, la position de l'encolure plus ou moins rapprochée de la ligne horizontale, et la position de la tête plus ou moins éloignée de la ligne perpendiculaire, permet à celui-ci de se maintenir longtemps à cette allure. Le même cheval dressé et monté au galop se rapprochant de celui dit de manège, l'encolure bien élevée, dans une position gracieuse, etc., ne pourrait accomplir le cinquième du parcours, sans être exténué.

Mais pour qu'on pût appliquer, sans inconvénient, l'équitation naturelle au cheval de troupe pour certains services, il faudrait qu'il réunît les conditions de résistance que donne la conformation et le dégré de sang de ces hacks ou de ces hunters, qui attirent notre admiration.

Le cheval de troupe, sous ce rapport, se trouvant, en général, dans des conditions d'une infériorité très-grande, ce n'est que par l'art qu'on peut y suppléer en partie. Mais en quoi l'art peut-il y venir en aide, si au travail individuel sur les carrés, on n'accorde par toute l'importance qu'il mérite.

En définitive, c'est l'équitation mixte qui est adoptée dans la cavalerie, c'est-à-dire celle qui est entre le dedans et le dehors, et c'est la seule qui convient au cheval de troupe. Si le desideratum n'est pas toujours atteint, on doit l'attribuer au peu de temps que l'homme reste sous les drapeaux, et à la qualité du cheval qui laisse souvent à désirer.

* * *

Pour la durée du cheval de cavalerie il faut reconnaître que celui-ci monté d'habitude en colonne ou sur un front étendu, pressé dans les rangs, etc., est plutôt usé ou taré que celui employé à un travail isolé.

Néanmoins, dans les états du Nord on sait mieux ménager les chevaux, même en temps de guerre. Ainsi, la cavalerie ne parcourt ses étapes, à moins d'urgence, qu'au pas et, lorsque les circonstances le permettent, au moindre accident de terrain, comme montées ou descentes, les hommes mettent pied à terre et mènent leur monture à la main. Ce qui ne les empêche pas de se trouver à temps sur le terrain où leur présence est nécessaire et avec des chevaux en état de donner. Aussi les conservent-ils en général, sauf les accidents de guerre, en aussi bonne condition que possible, durant toute une campagne.

*
* *

Nous ajouterons encore ceci : comme une cavalerie ne s'improvise pas et vu les énormes masses d'infanterie qui, dans les guerres à venir, seront mobilisées, et l'effectif de la cavalerie étant en proportion de celle-ci, à peu près dans les 1/8 à 1/10, on aura nécessairement, si le temps de service surtout vient à être réduit, un bien plus grand nombre d'hommes appelés dans cette arme, sur une population où la pratique du cheval de selle est au minimum.

Ainsi, pour obvier à la brièveté du temps et à l'agglomération des recrues, il faudrait des moyens plus rapides pour les mettre en état de devenir de bons cavaliers. La *kinésie équestre* formulée par M. Rul, d'après les idées de Baucher, est un sûr acheminement vers ce but, et abrégerait de beaucoup le temps qu'on met d'habitude pour les former.

Par l'application du principe : *le cavalier militaire doit monter à cheval tous les jours,* les jeunes soldats s'affermiraient davantage dans cette bonne et juste position en selle, qui rendra moins fréquentes ces contusions au dos ou au garrot de leur monture, cause commune en campagne de la mise hors de service de beaucoup de chevaux.

Ainsi, ce n'est que par suite d'un exercice journalier, un entraînement judicieux, qu'hommes et chevaux pourront être prêts pour leur destination future, lorsque l'heure des combats aura sonné.

VII

DES DIFFÉRENTES CAVALERIES ET DE LEUR ARMEMENT

La portée des fusils nouveau modèle à grandes distances, à tir rapide et continu, semble avoir jeté le désarroi dans certains esprits sur l'utilité de la cavalerie.

L'artillerie de campagne n'a pas échappé non plus tout-à-fait à cette prévention. A quoi bon s'embarrasser, disent les uns, de ce matériel encombrant qui alourdit la marche de l'infanterie ! Le canon que celle-ci porte sous le bras ne suffit-il pas à la besogne ?

Ces facéties ne devaient nécessairement en rien diminuer la confiance pas plus dans l'une que dans l'autre de ces deux armes.

Pour la cavalerie, depuis plus d'un siècle et demi, les Etats de l'Europe n'en ont entretenu d'aussi nombreuses. Elles n'ont été augmentées, il est vrai, qu'en proportion des grandes masses d'infanterie qui peuvent être mobilisées ; mais toujours est-il qu'on en sent comme par le passé le besoin impérieux, et cette augmentation même, quoique relative, en est la preuve.

*
* *

Avant d'aller plus loin, rapportons une idée qui mérite de l'être à cause de son étrangeté : « Il ne » faudrait qu'une arme dans l'armée, ou plutôt » que tous les officiers fussent aptes à servir à pied, » à cheval, avec des canons ou dans le génie. »

C'est cela, comme dans les petits ménages,... un serviteur bon à tout faire ; mais tant qu'il y aura des armées permanentes, cette idée restera heureusement à l'état de — rêvasserie.

D'autres soutiennent que des différentes cavaleries, une seule suffirait — la cavalerie légère. Mais, une pareille mesure ne ferait que restreindre ses ressources en remontes et en hommes de toute taille, propres à cette arme, qu'on peut employer par les différentes cavaleries existantes ; de plus, ce serait se priver de l'aide puissant d'une cavalerie de réserve, et jeter le découragement dans l'élevage.

D'autres encore, sous le prétexte de simplifier et d'unifier, ne font que suivre le courant des idées malsaines à nivellement de l'époque, en préconisant une même dénomination et un même uniforme pour toutes les cavaleries. C'est vraiment aller trop loin dans cet ordre d'idées ; l'uniformité n'existe nulle part dans le règne animal ou végétal, pas même d'individu à individu d'une même espèce. On dirait que la nature a horreur de l'uniformité, en établissant ces variétés à l'infini, qui par leur contraste même se fondent en un tout harmonieux.

Ainsi chaque cavalerie représente une individualité animée de cet esprit de corps, et par suite de rivalité, qui à la guerre porte aux actions héroïques. Les différentes cavaleries, avec leurs dénomination et uniforme distinctifs, créées par les besoins du moment, n'ont pas été conçues dans un esprit de puérile vanité, mais ont eu et ont leur raison d'être. Le temps les a consacrées depuis par les faits éclatants que l'histoire a recueillis, et qui maintes fois ont assuré la victoire.

Ajoutons encore, comme les Etats de l'Europe se sont de tout temps combattus, chaque régiment peut avoir acquis à son actif des faits glorieux, qui doivent être familiers à tout soldat qui en fait partie.

*
* *

On ne peut pas cependant contester qu'en armant la cavalerie de fusils, il n'y ait une tendance marquée à un changement dans son mode d'emploi. Oubliant que l'arme principale de celle-ci est l'arme blanche, on dirait qu'il y a une tendance à la transformer en infanterie montée. Abondant dans cette idée, plusieurs Etats de l'Europe, ont mis la cuirasse de côté, et la lance, si redoutable dans une charge, a été rejoindre celle-ci... donc plus de cuirassiers.... plus de uhlans.

Néanmoins, le maréchal Marmont en jugeait autrement : « La lance, dit-il, est par la nature des choses l'arme de la cavalerie de bataille, et précisément des cuirassiers dont elle double la force. »

Cette proposition paraît aussi rationnelle aujourd'hui que lorsqu'elle fut formulée dans le temps ; aussi les cuirassiers devraient être armés de la lance.

Nous nous permettons d'ajouter encore ceci : puisque en France il y a eu la conversion du 5 pour 100 en 4 1/2 (pardon, nous voulons dire du lancier en dragon), ne pourrait-on pas sans qu'il y ait surcharge d'une arme en plus, remplacer la lance par quelque chose qui en tînt lieu ? Des deux armes que le dragon porte : le fusil nouveau modèle et le sabre droit, on pourrait à l'occasion en former une troisième aussi efficace que la lance dans l'attaque, sans que le cavalier fût plus surchargé.

En effet, ces deux armes réunies en une : le 1er rang *la latte au bout du fusil*, et le 2e rang *la latte au poing*, pourraient, dans une charge, parfaitement bien remplacer la lance.

De plus, pour le combat à pied à l'arme blanche, ces deux armes réunies en une seraient bien supérieures au fusil du fantassin armé de sa baïonnette.

Les cent-gardes étaient ainsi armés, et ces deux armes réunies, on les avait justement dénommées *fusils-lances*. Avec quelques modifications pour la rendre plus maniable, on pourrait facilement transformer une simple arme de parade en une terrible arme de combat.

De plus, on devrait faire jouir de cet avantage les hussards aussi bien que les chasseurs, et leur donner le sabre droit qui puisse s'adapter au bout du fusil.

Qu'on veuille bien considérer que les coups de

pointe sont plus conformes au génie guerrier du Français que les coups de taille, et que du reste le sabre droit se prête aussi bien aux coups d'estoc que de taille. De plus, que le caractère du Français est plus apte à l'offensif, vertu essentielle dans une bonne cavalerie ; par suite, on ne devrait avoir en vue que ce but, et armer la cavalerie en conséquence.

VIII

A PROPOS D'UNE POLÉMIQUE SUR LA CAVALERIE

La cavalerie a-t-elle fait son temps ? Des défenseurs chaleureux de cette arme, en Allemagne, ont fait une charge à fond, heureusement à la plume, contre l'auteur anonyme d'un spirituel écrit, qui considérait cette arme devenue inutile, par suite du nouvel armement de l'infanterie, et des millions d'hommes que la stratégie moderne peut mettre en mouvement.

En prenant à contre-pied l'hypothèse soutenue par l'auteur de l'écrit, on peut dire :

Si les deux belligérants étaient également dépourvus de cavalerie, la lutte, pour atteindre les résultats définitifs, serait plus longue et, par suite, les calamités de la guerre plus considérables.

Mais, si l'un seulement eût conservé cette arme, l'autre n'aurait aucun moyen d'empêcher les explorations de la cavalerie ennemie. Ainsi menacé par des incursions sur ses flancs, sur ses derrières, sur sa base d'opération ; ses communications ferrées ou par le fil électrique à tout moment interrompues ; ses dépôts, ses magasins, ses convois détruits ou enlevés ; les diverses fractions en train de se réunir ramassées, etc. ; mais plus encore par une nombreuse cavalerie, même une armée privée de cette arme précieuse, retardée dans sa marche, dont la jonction sur tel point serait d'une grande importance sur l'issue de la lutte qui est déjà engagée.

En définitive, toutes les disgrâces que s'attirerait une armée privée de cavalerie influeraient déplorablement sur les résultats de ses opérations.

Comme ces deux cas ne sont pas à prévoir, car

personne ne se soucie de se mutiler d'un membre, sur l'affirmation plaisante que ce membre lui est un embarras, il faut considérer les choses telles qu'elles sont.

Les grandes masses, il est vrai, se décèlent d'elles mêmes dans leur marche, mais, s'en suit-il qu'elles n'aient besoin de cavalerie au-devant d'elles pour leur service de sûreté et d'exploration ? Ce raisonnement est aussi spécieux que celui-ci : comme les grandes masses semblent poussées d'elles-mêmes fatalement à leur rencontre, elles pourraient se passer aussi dans leur direction de toute combinaison stratégique. Et comme cette hypothèse est inadmissible, on peut soutenir avec raison, que la cavalerie est le grand moyen par lequel on arrive plus facilement à donner un corps à ses combinaisons et à s'assurer des avantages sur un ennemi égal en nombre et en bravoure.

L'un des polémistes trouve insuffisantes les dispositions prises dans la campagne de France par la cavalerie précédant l'armée allemande, qui dispersaient par à peu près les forces d'une division en un réseau de patrouilles, etc... Plus de voile inoffensif, ajoute-t-il, plus de rideau insuffisamment soutenu qui ne semble cacher la mise en scène qu'à un adversaire assez discret pour ne pas le percer à jour. Se borner à quelques patrouilles pour prendre le contact, afin de concentrer la division autant que possible pour la mettre en état à tout moment de prendre l'offensive ou de repousser l'attaque.

Mais les aspirations d'un autre polémiste vont plus loin. Les divisions, dit-il, doivent être en rapport constant entre elles dans leur marche en avant comme en arrière avec l'armée, agissant ensemble en principe sous l'unité du commandement.

Cette dernière disposition de la cavalerie au-devant de l'armée nous paraît supérieure.

Dans ces conditions, si un combat s'engage entre les deux cavaleries, et que l'une ramène l'autre sur son infanterie, pourrait-on soutenir que cette rencontre sera plutôt à effet à tournoi qu'en résultats positifs ? Cet avantage obtenu, au moment même, où les deux armées vont se mesurer assure déjà pour le moins à l'une sur l'autre un grand ascendant moral.

*
* *

Mais il faut considérer les choses telles qu'elles se passent habituellement. Du moment que les divisions de la cavalerie, affectées ordinairement une par deux corps d'armée, ont pris le contact de l'ennemi, et que la bataille devient évidente, ces divisions se rangent en arrière de l'armée.

Nous avons vu que les polémistes concluent avec raison à l'emploi de la cavalerie par grandes masses, et c'est dans la bataille même, sommes-nous d'avis, que son emploi dans ces conditions donnerait les plus sûrs résultats.

En supposant une armée dont l'effectif serait de huit corps d'armée, son front pourrait avoir une étendue de plus de 25 kilomètres. Dans ce cas, si la cavalerie reste fractionnée par divisions, elles ne pourraient agir qu'isolément l'une de l'autre. Et, si l'on veut l'employer par grandes masses, elles ne pourraient jamais être réunies à temps où elles doivent donner, car, après le combat de l'artillerie, les évènements se succèdent avec rapidité vers la solution finale.

En plus, si l'espace qui sépare les deux armées ne se trouve que partiellement propre à l'action de la cavalerie, on pourrait en concentrer davantage en face des terrains unis, vu que les positions défendues par la nature du sol même en dispensent. Par suite, au fur et à mesure que les corps d'armée prennent leur position sur le champ de bataille, il est urgent que la cavalerie soit placée de prime à bord en face des plaines, où elle puisse se déployer, autant que possible, par grandes masses. En supposant que l'adversaire emporte un avantage décisif dans des terrains accessibles à l'infanterie seule, cet avantage pourraît-être contrebalancé par ceux obtenus sur une des positions adverses par action d'ensemble.

Une des positions occupées par l'ennemi peut tirer son importance de sa situation même et devenir l'objectif de l'offensive. Ou bien une des positions peut devenir principale au hasard du combat de l'artillerie, ou bien on peut rendre principale une des positions, en convergeant dessus le feu de plus de batteries d'artillerie que l'ennemi n'en dispose sur ce point. Comme il peut arriver aussi que par une espèce d'intuition, le général en chef pénètre les combinaisons et les dispositions de l'adversaire et les traverse. Ex. : un des lieutenants de Napoléon, pressé par l'ennemi, lui demande avec instance des renforts. — « Je ne puis, lui fit-il répondre, le fort de la bataille sera ici où je suis ;... » ainsi que la suite le prouva. Mais comme ceci n'est que du ressort de ces génies de la trempe de Napoléon... passons.

Si l'on veut donc faire agir la cavalerie par grandes masses, il y aurait lieu de réunir aussi la cavalerie divisionnaire de l'armée à celle des corps d'armée, au lieu de la fractionner par régiments dans l'ordre de bataille, ou pour protéger les flancs des troupes engagées. Dans ces circonstances, il vaut mieux laisser l'infanterie se tirer elle-même d'affaire. Ce que nous en disons, ce n'est pas pour le plaisir de voir dans la peine ceux de nos camarades de l'infanterie qui nous considèrent avoir cessé d'être une arme, mais par la raison qu'en fractionnant ainsi sa cavalerie, c'est dissiper en menue monnaie, sans grand avantage pour l'infanterie, un trésor précieux qui, employé par grandes masses et dans les moments opportuns de son emploi, peut même assurer la victoire.

Si la bataille est pour se livrer dans une plaine d'une grande étendue, l'effectif de la cavalerie par rapport à celui de l'infanterie devrait être au moins dans les 1/8. A une armée de 200,000 hommes devraient être donc attachées au moins douze divisions à deux brigades, réparties ainsi qu'il suit et hors de la portée du canon :

Les cinq premières divisions, deux à la droite et l'une à la gauche du corps d'armée qui fait face à la position principale; la quatrième et la cinquième division en seconde ligne de l'infanterie, au centre. Les sept autres divisions rangées par une, sur les flancs de l'ordre de bataille de chaque corps d'armée, conservées comme unité de combat, sans être fractionnées. Ce dispositif nécessairement ne peut être absolu.

Les divisions placées ainsi dans les intervalles qui se trouvent d'un corps d'armée à l'autre, ou plutôt en arrière de ces intervalles, pour ne pas occuper une trop grande étendue de front, seront rangées en colonnes par régiment. Les deux divisions sus-mentionnées de la droite du corps d'armée fesant face à la position principale, dans le même ordre, l'une à la suite de l'autre ; et ces cinq divisions auront pour objectif le même point où l'artillerie ennemie est pour être réduite au silence.

Si l'on commence l'attaque par ces deux divisions de la droite, elles se déployeront par échelons et par brigades, la deuxième division laissant prendre une avance de quelques centaines de mètres à la première, et la troisième se tenant en réserve, ou prenant part à l'attaque selon l'urgence dans le même ordre de formation que les deux premières. La quatrième et cinquième division en expectative des événements qui vont se passer, gardées en réserve, ou pour se porter en avant, si besoin est, ou bien pour renforcer la cavalerie, de l'une ou des deux positions latérales.

En outre, s'il y avait quelques divisions, par exemple, deux ou trois en plus des douze désignées, il n'en serait que mieux ; elles seraient placées en arrière de l'armée, comme une arrière réserve. Toutes ces divisions pourraient être réparties en plusieurs corps, sous l'unité du commandement.

On nous objectera peut-être que la formation de notre cavalerie est défectueuse, mais ce n'est pas là la question. Un général habile saura lui donner la formation tactique qui lui convient, selon les circonstances dans lesquelles elle sera appelée à agir. L'unique chose sur laquelle nous insistons, c'est que la cavalerie dans la bataille ne soit employée que par grandes masses.

L'un des polémistes avance que trois brigades, « avec l'attaque par échelons, lignes derrière » lignes, à courte distance, s'ouvriront un passage » à travers l'infanterie ; » mais si l'intervalle entre les brigades n'est pas au moins de 400 mètres, cette masse de cavalerie serait par trop compacte, et pourrait en subir les conséquences.

En principe, la cavalerie ne doit être lancée que contre l'infanterie assaillante ou bien celle qui se replie, et non contre une infanterie qui de pied ferme et pleine d'entrain, se couvre de son feu et de celui de son artillerie. Hélas! ces temps sont passés, où tout chevalier renversait devant lui tout ce qui n'était monté et bardé de fer comme lui.

*
* *

Nous n'avons pas à suivre les alternatives de la lutte entre les deux combattants à qui restera maître du champ de bataille. Nous n'avons à considérer la lutte qu'arrivée à sa dernière période, là où l'action principale se passe, lorsque l'un et l'autre réunissant tout ce qui leur reste de ressources, cherchent dans un suprême effort à s'assurer la victoire. C'est dans cette dernière période principalement que l'emploi de la cavalerie par grandes masses peut être décisif.

Après que l'artillerie adverse a été réduite au silence, si l'infanterie assaillante devient maîtresse de la position, ce qui peut entraîner l'abandon par l'ennemi des positions latérales, le rôle de la cavalerie se borne à la poursuite, laquelle ne doit se faire que par action d'ensemble. Quand une armée se retire en bon ordre, ses forces sont moins amoindries pour quelques milliers d'hommes qu'elle a eus hors de combat que son moral n'est atteint. A la poursuite de la cavalerie seule, elle fera toujours face ; et les exploits de celle-ci se borneront à retarder la retraite des points attaqués et à ramasser les trainards. Ainsi, ce n'est que par des combats continuels par action d'ensemble, qu'on parviendra à désorganiser ces fortes masses, et à faciliter ainsi la poursuite à la cavalerie. A moins qu'une seconde armée, combinant son action avec celle de la première, par une marche de flanc ou sur son arrière, n'obligeât l'armée en retraite à déposer les armes.

Mais, si l'infanterie échoue dans son assaut et se trouve refoulée et mise en désordre, c'est à la cavalerie, qui s'est tenue jusqu'à ce moment hors de la portée de la mousqueterie, à se porter en avant à l'attaque. Par suite, cette infanterie qui se repliait aura le temps de se reformer et de reprendre l'offensive. Dans ce cas, la cavalerie pourra même enlever la position, et l'infanterie l'occuper sans coup férir.

Supposons maintenant que, par suite de ce que son artillerie est en partie réduite au silence, la défense à l'approche de l'assaillant se trouve avec son infanterie ébranlée, comme il en arrive dans ces circonstances. Si le commandement a sur ce point une nombreuse cavalerie et que l'adversaire n'en ait que d'insuffisante, il arrivera ceci : il lancera sa cavalerie sur ces lignes flottantes, plus occupées d'avancer que de tirailler. Avant même que cette infanterie n'en sente l'approche, la cavalerie est déjà sur elle, sa chaîne des tirailleurs culbutée, la seconde ligne, les soutiens, surprise et affolée, n'a pas le temps de se reconnaître que toute cette cavalerie lui a déjà passé sur le corps et sur celui de ses réserves. L'infanterie de la défense reprenant de l'assurance se porte en avant et prend possession de la position conquise par la cavalerie. Pendant que ces évènements sont en train de se passer, toute l'armée, par suite des succès obtenus, se porte avec élan en avant et devient maitresse de toutes les positions de l'ennemi.

*
* *

On ne peut disconvenir que la cavalerie peut-être employée plus avantageusement que gardée en réserve en seconde ligne de l'infanterie pour « la « formidable charge classique du dernier moment « de la bataille, qui n'arrivera peut être jamais. »

Néanmoins, au début d'une campagne, avec des nouvelles levées, des jeunes soldats non encore aguerris, pour s'assurer le plus de chances de succès, il est important de concentrer ses forces, et de manière à pouvoir se soutenir. Dans ces conditions, l'infanterie se sachant au besoin appuyée par une nombreuse cavalerie, combat avec plus d'assurance et tient plutôt pied.

La cavalerie rangée derrière l'infanterie présente encore cet avantage que le commandement l'a sous la main dans deux circonstances qui arrivent immanquablement à la fin de toute bataille, ou pour la poursuite, ou bien pour couvrir sa retraite.

On objecte encore qu'une armée de 200,000

hommes a une trop grande étendue de front pour que le commandement puisse embrasser l'ensemble des opérations. Supposons donc deux armées de 100,000 hommes combinant leur action pour décider de la victoire.

*
* *

Des sujets que nous avons traités, nous nous sommes attachés à présenter par à peu près le pour et le contre ; nous continuerons de même.

Il y en a qui demandent que, dans certains cas, la cavalerie indépendante ne soit plus bornée à la division seule, mais portée à plusieurs corps ; chaque corps formé de 3 ou 4 divisions. Des fortes masses ainsi constituées, toutefois après avoir défait la cavalerie adverse, s'imposeraient et imposeraient. Mais elles pourraient devenir d'un aide plus direct et plus puissant encore. Pareille à l'aigle qui plane à grande hauteur, suit et guette sa proie, sans s'en faire apercevoir, la cavalerie en se maintenant à distance sur les flancs de l'armée ennemie, pourrait s'abattre sur elle, au moment opportun même que la bataille est déjà engagée.

Nous avouerons néanmoins que nous ne partageons par l'engouement de quelques écrivains militaires pour les opérations indépendantes de la cavalerie.

Dans bien des contrées, par suite du morcèlement de la propriété et du genre de culture, à partir du centre de l'Europe, vers le midi et l'occident, les champs mêmes où puissent se livrer des grandes batailles, avec le concours d'une nombreuse cavalerie, deviennent de plus en plus rares, coupés qu'ils sont par fossés, routes et chemins de fer.

Abstraction faite de la configuration du terrain, la population dans certaines parties de notre continent est si dense que, d'un village à l'autre, on peut se saluer... à coups de fusil. Ce qui peut être très-avantageux à l'action de l'infanterie ne peut l'être à celle de la cavalerie Aussi, dans maintes contrées le rôle de celle-ci devra se borner à celui d'infanterie montée. Si l'adversaire a bien organisé sa défense, aucun mouvement de l'envahisseur ne lui échappera. Dans ces conditions on ne peut dissimuler les opérations indépendantes de sa cavalerie, et c'est là le principal élément de leurs succès. Plus ces masses sont considérables moins elles sont mobiles. Que dire de ces opérations combinées de plusieurs corps, dont le total se chiffrerait par 30 à 40,000 cavaliers, soit au début de la guerre pour déranger l'adversaire dans ses préparatifs, soit en se portant le long des flancs de sa base d'opération. La question ici est de savoir, si la perte en hommes et en chevaux qu'on fera nécessairement dans des expéditions pareilles, compensera les résultats obtenus. Mais le principal avantage que sûrement on peut en retirer, sera d'aguerrir ses cavaliers, et d'endurcir aux fatigues hommes et chevaux.

La division formée de trois brigades suffirait au besoin à l'exploration. Par quelques escadrons détachés au devant de la division et soutenus par celle-ci, on pourrait si non combattre pour voir de bien près, mais étendre suffisamment ses investigations pour obtenir les renseignements nécessaires.

Des pointes faites à propos par quelques cavaliers hardis et bien montés pourraient aussi contribuer à ce résultat.

Quoi qu'il en soit de ce qui vient d'être dit, — si l'envahisseur peut être obligé de déployer une nombreuse cavalerie indépendante, celui dont le territoire est envahi peut sous se rapport se montrer modéré, sans s'en trouver plus mal, et réserver sa cavalerie sans être entamée et en bon état pour la bataille.

Ainsi le déploiement de la cavalerie au devant de l'armée en marche a sa raison d'être, car elle peut avoir son utilité immédiate à tout moment. Quant à ces corps de cavalerie indépendante, agissant à quelques jours de marche de l'armée isolément ou combinant leur action, c'est exposer l'armée à en être privée au moment où elle serait obligée de livrer bataille. En sus, ces opérations ne pourraient rapporter de réels avantages que dans des circonstances tout-à-fait exceptionnelles, comme par exemple en 1870, après la première partie de la campagne de France.

Le droit de la force devrait être circonscrit au champ de bataille et le territoire envahi jouir de la force du droit, autant que cela se trouve compatible avec les opérations de l'armée. Par la nouvelle organisation, tous les hommes valides se trouvent sous les armes éloignés de leurs foyers, la population par cela même devient inoffensive, et toute oppression non fondée devient odieuse et ne sert qu'à alimenter davantage ces haines nationales qui survivent à la lutte et en amènent de périodiques.

*
* *

Il est incontestable que le concours des trois armes est aussi urgent que par le passé. Il puise sa raison d'être dans les phases successives de la lutte, dont elles sont l'expression, et qui à tour de rôle y deviennent prépondérantes. Ainsi, chercher à atteindre l'ennemi de plus loin possible, c'est le fait de l'artillerie, de moins loin celui de l'infanterie, enfin se précipiter sur lui c'est celui de la cavalerie.

Quoique l'arme de jet soit de sa nature perfectible et que celle de la cavalerie ne le soit pas, bornée qu'elle est à l'arme primitive, la lance ou le sabre ; et, quoique l'action animale comme force, durée et vitesse, soit subordonnée à des lois organiques qui sont immuables, contre la balle inconsciente qui franchit l'espace comme l'éclair ; néanmoins ici, se trouve en opposition l'action mécanique présentée de l'état de défensive contre l'action animée à l'état d'offensive.

Ainsi de l'assaillant à l'assailli l'impression est en sens inverse. La cavalerie emportée par le mouvement, surexcitée par le bruit des armes, les cris de guerre et par l'odeur de la poudre !... par les détonations assourdissantes et le sifflement strident des projectiles,... dans un milieu d'atmosphère obscurcie par la fumée, sans avoir conscience même de la mort qui moissonne ses rangs !... pareille à une avalanche... la masse multipliée par la vitesse avance toujours. Plus elle approche du but, le péril diminue pour elle, et son assurance augmente dans les mêmes proportions qu'elle décroit dans la ligne défensive.

A cause même de la portée des nouvelles armes à feu, on dirait que la cavalerie est plus indispensable que par le passé. En effet, une bataille peut se décider à une distance plus éloignée qu'avec l'ancien armement. L'armée défaite n'attendra pas le dernier moment pour effectuer sa retraite, si la cavalerie adverse lui en donne le temps. De même, celle-ci par sa cavalerie peut couvrir sa retraite, échapper à un désastre ou bien l'amoindrir. Dans ces deux cas encore, cette arme peut rendre d'aussi grands services que par le passé.

Ainsi, avant, pendant et après la bataille, la part la plus glorieuse revient à la cavalerie. Tandis que l'infanterie sans se déplacer, par un jet continu de projectiles atteint à grande distance son but, la cavalerie, pour l'atteindre, doit se changer elle-même en projectiles. Sa force principale est dans l'offensive, en se jettant à corps perdu sur l'ennemi.

Cette condition d'être de la cavalerie est l'expression de l'audace, élément principal de succès à la guerre, lorsque dans celui qui la dirige se trouve réunis coup-d'œil et intelligence. Aussi cette arme a toujours sa raison d'être ; l'outil est excellent, mais il demande une main habile pour être manié.

*
* *

On pourrait considérer ces quelques pages comme une simple apologie de cette arme, un exposé de ces généralités que des officiers de cavalerie débitent volontiers. Nous répondons : pendant la guerre de 1870 à 1871, la cavalerie des deux adversaires, malgré le nouvel armement de l'infanterie, s'est toujours montrée à la hauteur de ce qui a été exigé d'elle. Aujourd'hui qu'elle est aussi armée de fusils, sa sphère d'activité se trouve plus étendue et plus indépendante ; par suite, elle sera plutôt à même d'entreprendre de grandes opérations.

FIN.

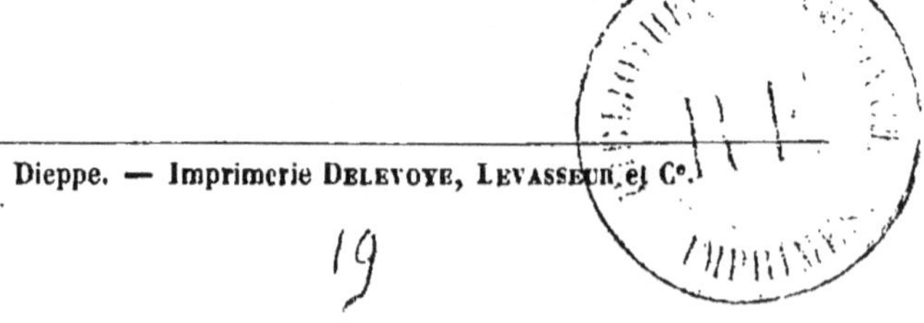

Dieppe. — Imprimerie Delevoye, Levasseur et Cᵉ.

BIBLIOTHEQUE NATIONALE DE FRANCE
3 7502 00962857 7

www.ingramcontent.com/pod-product-compliance
Lightning Source LLC
LaVergne TN
LVHW020416230826
846091LV00004B/1296